# ARCHITETTURA INCREDIBILE
## *Libro da Colorare*

Una raccolta di disegni creativi e rilassanti
per gli appassionati di architettura

ArtChitecture Printing Press

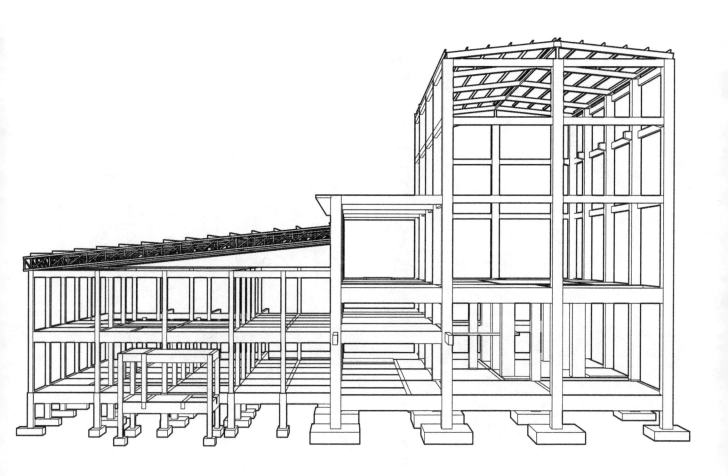

CPSIA information can be obtained
at www.ICGtesting.com
Printed in the USA
BVHW021300040423
661732BV00005B/87